Législation française

SUR LES

BREVETS D'INVENTION

Prix : 1 fr. 50

Office J. BONNICART & Cⁱᵉ

71, Rue Servan, 71

(Angle de l'Avenue de la République)

PARIS

TÉLÉPHONE : 926-09

BREVETS D'INVENTION

Loi du 5 juillet 1844
modifiée par la Loi du 7 avril 1902

(Les modifications sont imprimées en caractères italiques)

~~~~~~~

TITRE PREMIER

Dispositions générales

ARTICLE PREMIER

Toute nouvelle découverte ou invention dans tous les genres d'industries, confère à son auteur, sous les conditions et pour le temps ci-après déterminés, le droit exclusif d'exploiter à son profit ladite découverte ou invention.

Ce droit est constaté par des titres délivrés par le Gouvernement, sous le nom de brevets d'invention.

ART. 2.

Seront considérées comme inventions ou découvertes nouvelles :

L'invention de nouveaux produits industriels;

L'invention de nouveaux moyens ou l'application nouvelle de moyens connus, pour l'obtention d'un résultat ou d'un produit industriel.

ART. 3.

Ne sont pas susceptibles d'être brevetés :

1° Les compositions pharmaceutiques ou remèdes de toute espèce, lesdits objets demeurant soumis aux lois et règlements spéciaux sur la ma-
~~~~~~~

lière, et notamment au décret du 18 août 1810,
relatif aux remèdes secrets;

2º Les plans et combinaisons de crédit ou de
finances.

ART. 4.

La durée des brevets sera de cinq, dix ou quinze
années.

Chaque brevet donnera lieu au payement d'une
taxe, qui est fixée ainsi qu'il suit :

Cinq cents francs pour un brevet de cinq ans;

Mille francs pour un brevet de dix ans;

Quinze cents francs pour un brevet de quinze
ans.

Cette taxe sera payée par annuités de cent
francs, sous peine de déchéance si le breveté laisse
écouler un terme sans l'acquitter.

TITRE II

Des formalités
relatives à la délivrance des brevets.

SECTION PREMIERE

DES DEMANDES DE BREVETS

ART. 5.

Quiconque voudra prendre un brevet d'invention devra déposer, sous cachet, au secrétariat de
la préfecture, dans le département où il est domi-
cilié, ou dans tout autre département, en y éli-
sant domicile :

1º Sa demande au ministre de l'Agriculture et
du Commerce;

2º Une description de la découverte, invention ou
application faisant l'objet du brevet demandé;

3° Les dessins ou échantillons qui seraient nécessaires pour l'intelligence de la description;

Et 4° un bordereau des pièces déposées.

ART. 6.

La demande sera limitée à un seul objet principal, avec les objets de détail qui le constituent, et les applications qui auront été indiquées.

...ne mentionnera la durée que les demandeurs entendent assigner à leur brevet dans les limites fixées par l'article 4, et ne contiendra ni restrictions, ni conditions, ni réserves.

Elle indiquera un titre renfermant la désignation sommaire et précise de l'objet de l'invention.

La description ne pourra être écrite en langue étrangère. Elle devra être sans altérations ni surcharges. Les mots rayés comme nuls seront comptés et constatés, les pages et les renvois paraphés. Elle ne devra contenir aucune dénomination de poids ou de mesures autre que celles qui sont portées au tableau annexé à la loi du 4 juillet 1837.

Les dessins seront tracés à l'encre et d'après une échelle métrique.

Un duplicata de la description et des dessins sera joint à la demande.

Toutes les pièces seront signées par le demandeur ou par un mandataire, dont le pouvoir restera annexé à la demande.

ART. 7.

Aucun dépôt ne sera reçu que sur la production d'un récépissé constatant le versement d'une somme de cent francs à valoir sur le montant de la taxe du brevet.

Un procès-verbal, dressé sans frais par le secrétaire général de la préfecture, sur un registre à ce destiné, et signé par le demandeur, constatera chaque dépôt, en énonçant le jour et l'heure de la remise des pièces.

Une expédition dudit procès-verbal sera remise au déposant, moyennant le remboursement des frais de timbre.

Art. 8.

La durée du brevet courra du jour du dépôt prescrit par l'article 5.

SECTION II

DE LA DÉLIVRANCE DES BREVETS

Art. 9.

Aussitôt après l'enregistrement des demandes, et dans les cinq jours de la date du dépôt, les préfets transmettront les pièces, sous le cachet de l'inventeur, au ministre de l'Agriculture et du Commerce, en y joignant une copie certifiée du procès-verbal de dépôt, le récépissé constatant le versement de la taxe, et, s'il y a lieu, le pouvoir mentionné dans l'article 6.

Art. 10.

A l'arrivée des pièces au ministère de l'Agriculture et du Commerce, il sera procédé à l'ouverture, à l'enregistrement des demandes et à l'expédition des brevets, dans l'ordre de la réception desdites demandes.

Art. 11.

Les brevets dont la demande aura été régulièrement formée seront délivrés sans examen préalable, aux risques et périls des demandeurs et sans garantie, soit de la réalité, de la nouveauté ou du mérite de l'invention, soit de la fidélité ou de l'exactitude de la description.

Un arrêté du ministre, constatant la régularité de la demande, sera délivré au demandeur et constituera le brevet d'invention.

A cet arrêté sera joint un exemplaire imprimé de la description et des dessins mentionnés dans l'article 24, après que la conformité avec l'expédition originale en aura été reconnue et établie au besoin.

La première expédition des brevets sera délivrée sans frais.

Toute expédition ultérieure, demandée par le breveté ou ses ayants cause, donnera lieu au payement d'une taxe de 25 francs.

Les frais de dessin, s'il y a lieu, demeureront à la charge de l'impétrant.

La délivrance n'aura lieu qu'un an après le jour du dépôt de la demande, si ladite demande renferme une réquisition expresse à cet effet.

Le bénéfice de la disposition qui précède ne pourra être réclamé par ceux qui auraient déjà profité des délais de priorité accordés par des traités de réciprocité, notamment par l'article 4 de la Convention internationale pour la protection de la propriété industrielle, du 20 mars 1883.

Art. 12.

Toute demande dans laquelle n'auraient pas été observées les formalités prescrites par les numéros 2 et 3 de l'article 5, et par l'article 6, sera rejetée.

La moitié de la somme versée restera acquise au Trésor, mais il sera tenu compte de la totalité de cette somme au demandeur s'il reproduit sa demande dans un délai de trois mois, à compter de la date de la notification du rejet de sa requête.

Art. 13.

Lorsque, par application de l'article 3, il n'y aura pas lieu de délivrer un brevet, la taxe sera restituée.

Art. 14.

Une ordonnance royale, insérée au *Bulletin des Lois*, proclamera, tous les trois mois, les brevets délivrés.

Art. 15.

La durée des brevets ne pourra être prolongée que par une loi.

SECTION III

DES CERTIFICATS D'ADDITION

Art. 16.

Le breveté ou les ayants droit au brevet auront, pendant toute la durée du brevet, le droit d'apporter à l'invention des changements, perfectionnements ou additions, en remplissant, pour le dépôt de la demande, les formalités déterminées par les articles 5, 6 et 7.

Ces changements, perfectionnements ou additions seront constatés par des certificats délivrés dans la même forme que le brevet principal, et qui produiront, à partir des dates respectives des demandes et de leur expédition, les mêmes effets que ledit brevet principal, avec lequel ils prendront fin.

Chaque demande de certificat d'addition donnera lieu au payement d'une taxe de vingt francs.

Les certificats d'addition pris par un des ayants droit profiteront à tous les autres.

Art. 17.

Tout breveté qui, pour un changement, perfectionnement ou addition, voudra prendre un brevet principal de cinq, dix ou quinze années, au lieu d'un certificat d'addition expirant avec le brevet primitif, devra remplir les formalités prescrites par les articles 5, 6 et 7, et acquitter la taxe mentionnée dans l'article 4.

Art. 18.

Nul autre que le breveté ou ses ayants droit, agissant comme il est dit ci-dessus, ne pourra, pendant une année, prendre valablement un brevet pour un changement, perfectionnement ou addition à l'invention qui fait l'objet du brevet primitif.

Néanmoins, toute personne qui voudra prendre un brevet pour changement, addition ou perfectionnement à une découverte déjà brevetée, pourra, dans le cours de ladite année, former une demande qui sera transmise, et restera déposée sous cachet, au ministère de l'Agriculture et du Commerce.

L'année expirée, le cachet sera brisé et le brevet délivré.

Toutefois, le breveté principal aura la préférence pour les changements, perfectionnements et additions pour lesquels il aurait lui-même, pendant l'année, demandé un certificat d'addition ou un brevet.

Art. 19.

Quiconque aura pris un brevet pour une découverte, invention ou application se rattachant à l'objet d'un autre brevet, n'aura aucun droit d'exploiter l'invention déjà brevetée, et réciproquement le titulaire du brevet primitif ne pourra exploiter l'invention objet du nouveau brevet.

SECTION IV

DE LA TRANSMISSION ET DE LA CESSION
DES BREVETS

Art. 20.

Tout breveté pourra céder la totalité ou partie
de la propriété de son brevet.

La cession totale ou partielle d'un brevet, soit
à titre gratuit, soit à titre onéreux, ne pourra
être faite que par acte notarié et après le payement de la totalité de la taxe déterminée par l'article 4.

Aucune cession ne sera valable, à l'égard des
tiers, qu'après avoir été enregistrée au secrétariat de la préfecture du département dans lequel
l'acte aura été passé.

L'enregistrement des cessions et de tous autres
actes emportant mutation, sera fait sur la production et le dépôt d'un extrait authentique de
l'acte de cession ou de mutation.

Une expédition de chaque procès-verbal d'enregistrement, accompagnée de l'extrait de l'acte
ci-dessus mentionné, sera transmise par les préfets au ministre de l'Agriculture et du Commerce,
dans les cinq jours de la date du procès-verbal.

Art. 21.

Il sera tenu, au ministère de l'Agriculture et
du Commerce, un registre sur lequel seront ins-
crites les mutations intervenues sur chaque brevet, et tous les trois mois, une ordonnance royale
proclamera, dans la forme déterminée par l'article 14, les mutations enregistrées pendant le tri-
mestre expiré.

Art. 22.

Les cessionnaires d'un brevet, et ceux qui auront acquis d'un breveté ou de ses ayants droit la faculté d'exploiter la découverte ou l'invention, profiteront, de plein droit, des certificats d'addition qui seront ultérieurement délivrés au breveté ou à ses ayants droit. Réciproquement, le breveté ou ses ayants droit profiteront des certificats d'addition qui seront ultérieurement délivrés aux cessionnaires.

Tous ceux qui auront droit de profiter des certificats d'addition pourront en lever une expédition au ministère de l'Agriculture et du Commerce, moyennant un droit de vingt francs.

SECTION V

DE LA COMMUNICATION ET DE LA PUBLICATION
DES DESCRIPTIONS ET DESSINS
DE BREVETS

Art. 23.

Les descriptions, dessins, échantillons et modèles des brevets délivrés, resteront, jusqu'à l'expiration des brevets, déposés au ministère de l'Agriculture et du Commerce, où ils seront communiqués, sans frais, à toute réquisition.

Toute personne pourra obtenir, à ses frais, copie desdites descriptions et dessins, suivant les formes qui seront déterminées dans le règlement rendu en exécution de l'article 50.

Art. 24.

Les descriptions et dessins de tous les brevets d'invention et certificats d'addition seront publiés in extenso, par fascicules séparés, dans leur ordre d'enregistrement.

Cette publication, relativement aux descriptions et dessins des brevets pour la délivrance desquels aura été requis le délai d'un an prévu par l'article 11, n'aura lieu qu'après l'expiration de ce délai.

Il séra, en outre, publié un catalogue des brevets d'invention délivrés.

Un arrêté du ministre du Commerce et de l'Industrie déterminera : 1° les conditions de forme, dimensions et rédaction que devront présenter les descriptions et dessins, ainsi que les prix de vente des fascicules imprimés et les conditions de publication du catalogue; 2° les conditions à remplir par ceux qui, ayant déposé une demande de brevet en France et désirant déposer à l'étranger des demandes analogues avant la délivrance du brevet français, voudront obtenir une copie officielle des documents afférents à leur demande en France. Toute expédition de cette nature donnera lieu au payement d'une taxe de 25 francs; les frais de dessin, s'il y a lieu, seront à la charge de l'impétrant.

Seront publiés, conformément aux prescriptions du présent article, les descriptions et les dessins des brevets d'invention et certificats d'addition qui auront été demandés depuis le 1er janvier 1902.

ART. 25.

Le recueil des descriptions et dessins et le catalogue publiés en exécution de l'article précédent seront déposés au ministère de l'Agriculture et du Commerce, et au secrétariat de la préfecture de chaque département, où ils pourront être consultés sans frais.

ART. 26.

A l'expiration des brevets, les originaux des descriptions et dessins seront déposés au Conservatoire royal des arts et métiers.

TITRE III

Des droits des étrangers.

ART. 27.

Les étrangers pourront obtenir en France des brevets d'invention.

ART. 28.

Les formalités et conditions déterminées par la présente loi seront applicables aux brevets demandés ou délivrés en exécution de l'article précédent.

ART. 29.

L'auteur d'une invention ou découverte déjà brevetée à l'étranger pourra obtenir un brevet en France; mais la durée de ce brevet ne pourra excéder celle des brevets antérieurement pris à l'étranger.

TITRE IV

Des nullités et déchéances et des actions y relatives.

SECTION PREMIERE

DES NULLITÉS ET DÉCHÉANCES

ART. 30.

Seront nuls, et de nul effet, les brevets délivrés dans les cas suivants, savoir :

1º Si la découverte, invention ou application n'est pas nouvelle;

2º Si la découverte, invention ou application n'est pas, aux termes de l'article 3, susceptible d'être brevetée;

3º Si les brevets portent sur des principes, mé-
thodes, systèmes, découvertes et conceptions théo-
riques ou purement scientifiques, dont on n'a pas
indiqué les applications industrielles;

4º Si la découverte, invention ou application est
reconnue contraire à l'ordre ou à la sûreté publique, aux bonnes mœurs ou aux lois du royaume,
sans préjudice, dans ce cas et dans celui du paragraphe précédent, des peines qui pourraient être
encourues pour la fabrication ou le débit d'objets prohibés;

5º Si le titre sous lequel le brevet a été demandé
indique frauduleusement un objet autre que le
véritable objet de l'invention;

6º Si la description jointe au brevet n'est pas
suffisante pour l'exécution de l'invention, ou si
elle n'indique pas, d'une manière complète et
loyale, les véritables moyens de l'inventeur;

7º Si le brevet a été obtenu contrairement aux
dispositions de l'article 18.

Seront également nuls, et de nul effet, les certificats comprenant des changements, perfectionnements ou additions qui ne se rattacheraient pas
au brevet principal.

Art. 31.

Ne sera pas réputée nouvelle toute découverte,
invention ou application qui, en France ou à
l'étranger, et antérieurement à la date du dépôt
de la demande, aura reçu une publicité suffisante
pour pouvoir être exécutée.

Art. 32.

Sera déchu de tous ses droits :

*1º Le breveté qui n'aura pas acquitté son an-
nuité, avant le commencement de chacune des
années de la durée de son brevet.*

L'intéressé aura toutefois un délai de trois

*mois au plus pour effectuer valablement le paye-
ment de son annuité, mais il devra verser en
outre une taxe supplémentaire de 5 francs, s'il
effectue le payement dans le premier mois; de
10 francs, s'il effectue le payement dans le second
mois, et de 15 francs, s'il effectue le payement
dans le troisième mois.*

*Cette taxe supplémentaire devra être acquittée
en même temps que l'annuité en retard.*

*2° Le breveté qui n'aura pas mis en exploitation
sa découverte ou invention en France dans le
délai de deux ans, à dater du jour de la signature du brevet, ou qui aura cessé de l'exploiter
pendant deux années consécutives, à moins que,
dans l'un ou l'autre cas, il ne justifie des causes
de son inaction;*

*3° Le breveté qui aura introduit en France des
objets fabriqués en pays étranger et semblables à
ceux qui sont garantis par son brevet.*

*Néanmoins, le ministre du Commerce et de l'In-
dustrie pourra autoriser l'introduction:*

1° Des modèles de machines;

*2° Des objets fabriqués à l'étranger, destinés à
des expositions publiques ou à des essais faits
avec l'assentiment du gouvernement.*

Art. 33.

Quiconque, dans des enseignes, annonces, pros-
pectus, affiches, marques ou estampilles, prendra
la qualité de breveté sans posséder un brevet délivré conformément aux lois, ou après l'expiration
d'un brevet antérieur; ou qui, étant breveté, mentionnera sa qualité de breveté ou son brevet sans
y ajouter ces mots: sans garantie du gouvernement, sera puni d'une amende de cinquante à
mille francs.

En cas de récidive, l'amende pourra être portée
au double.

SECTION II

DES ACTIONS EN NULLITÉ ET EN DÉCHÉANCE

ART. 34.

L'action en nullité et l'action en déchéance pourront être exercées par toute personne y ayant intérêt.

Ces actions, ainsi que toutes contestations relatives à la propriété des brevets, seront portées devant les tribunaux civils de première instance.

ART. 35.

Si la demande est dirigée en même temps contre le titulaire du brevet et contre un ou plusieurs cessionnaires partiels, elle sera portée devant le tribunal du domicile du titulaire du brevet.

ART. 36.

L'affaire sera instruite et jugée dans la forme prescrite pour les matières sommaires par les articles 405 et suivants du Code de procédure civile. Elle sera communiquée au procureur du roi.

ART. 37.

Dans toute instance tendant à faire prononcer la nullité ou la déchéance d'un brevet, le ministère public pourra se rendre partie intervenante et prendre des réquisitions pour faire prononcer la nullité ou la déchéance absolue du brevet.

Il pourra même se pourvoir directement par action principale pour faire prononcer la nullité, dans les cas prévus aux nos 2, 4 et 5 de l'article 30.

ART. 38.

Dans les cas prévus par l'article 37, tous les ayants droit au brevet dont les titres auront été enregistrés au ministère de l'Agriculture et du Commerce, conformément à l'article 21, devront être mis en cause.

Art. 39.

Lorsque la nullité ou la déchéance absolue d'un brevet aura été prononcée par jugement ou arrêt ayant acquis force de chose jugée, il en sera donné avis au ministre de l'Agriculture et du Commerce, et la nullité ou la déchéance sera publiée dans la forme déterminée par l'article 14 pour la proclamation des brevets.

TITRE V

De la contrefaçon, des poursuites et des peines.

Art. 40.

Toute atteinte portée aux droits du breveté, soit par la fabrication de produits, soit par l'emploi de moyens faisant l'objet de son brevet, constitue le délit de contrefaçon.

Ce délit sera puni d'une amende de cent à deux mille francs.

Art. 41.

Ceux qui auront sciemment recélé, vendu ou exposé en vente, ou introduit sur le territoire français, un ou plusieurs objets contrefaits, seront punis des mêmes peines que les contrefacteurs.

Art. 42.

Les peines établies par la présente loi ne pourront être cumulées.

La peine la plus forte sera seule prononcée pour tous les faits antérieurs au premier acte de poursuite.

Art. 43.

Dans le cas de récidive, il sera prononcé, outre l'amende portée aux articles 40 et 41, un emprisonnement d'un mois à six mois.

Il y a récidive lorsqu'il a été rendu contre le prévenu, dans les cinq années antérieures, une première condamnation pour un des délits prévus par la présente loi.

Un emprisonnement d'un mois à six mois pourra aussi être prononcé, si le contrefacteur est un ouvrier ou un employé ayant travaillé dans les ateliers ou dans l'établissement du breveté, ou si le contrefacteur, s'étant associé avec un ouvrier ou un employé du breveté, a eu connaissance, par ce dernier, des procédés décrits au brevet.

Dans ce dernier cas, l'ouvrier ou l'employé pourra être poursuivi comme complice.

Art. 44.

L'article 463 du Code pénal pourra être appliqué aux délits prévus par les dispositions qui précèdent.

Art. 45.

L'action correctionnelle, pour l'application des peines ci-dessus, ne pourra être exercée par le ministère public que sur la plainte de la partie lésée.

Art. 46.

Le tribunal correctionnel, saisi d'une action pour délit de contrefaçon, statuera sur les exceptions qui seraient tirées par le prévenu, soit de la nullité ou de la déchéance du brevet, soit des questions relatives à la propriété dudit brevet.

Art. 47.

Les propriétaires de brevets pourront, en vertu

d'une ordonnance du président du tribunal de première instance, faire procéder, par tous huissiers, à la désignation et description détaillées, avec ou sans saisie, des objets prétendus contrefaits.

L'ordonnance sera rendue sur simple requête, et sur la représentation du brevet; elle contiendra, s'il y a lieu, la nomination d'un expert pour aider l'huissier dans sa description.

Lorsqu'il y aura lieu à la saisie, ladite ordonnance pourra imposer au requérant un cautionnement qu'il sera tenu de consigner avant d'y faire procéder.

Le cautionnement sera toujours imposé à l'étranger breveté qui requerra la saisie.

Il sera laissé copie au détenteur des objets décrits ou saisis, tant de l'ordonnance que de l'acte constatant le dépôt du cautionnement, le cas échéant; le tout, à peine de nullité et de dommages-intérêts contre l'huissier.

Art. 48.

A défaut, par le requérant, de s'être pourvu, soit par la voie civile, soit par la voie correctionnelle, dans le délai de huitaine, outre un jour par trois myriamètres de distance entre le lieu où se trouvent les objets saisis ou décrits, et le domicile du contrefacteur, recéleur, introducteur ou débitant, la saisie ou description sera nulle de plein droit, sans préjudice des dommages-intérêts qui pourront être réclamés, s'il y a lieu, dans la forme prescrite par l'article 36.

Art. 49.

La confiscation des objets reconnus contrefaits, et, le cas échéant, celle des instruments ou ustensiles destinés spécialement à leur fabrication, seront, même en cas d'acquittement, prononcés

contre le contrefacteur, le recéleur, l'introducteur ou le débitant.

Les objets confisqués seront remis au proprié-
taire du brevet, sans préjudice de plus amples
dommages-intérêts et de l'affiche du jugement,
s'il y a lieu.

TITRE VI

Dispositions particulières et transitoires

ART. 50.

Des ordonnances royales, portant règlement
d'administration publique, arrêteront les dispositions nécessaires pour l'exécution de la présente
loi, qui n'aura effet que trois mois après sa promulgation.

ART. 51.

Des ordonnances rendues dans la même forme
pourront régler l'application de la présente loi
dans les colonies, avec les modifications qui seront jugées nécessaires.

ART. 52.

Seront abrogés, à compter du jour où la présente loi sera devenue exécutoire, les lois des
7 janvier et 25 mai 1791, celle du 20 septembre 1792, l'arrêté du 17 vendémiaire an VII, l'arrêté du 5 vendémiaire an IX, les décrets des 25 no-
vembre 1806 et 25 janvier 1807, et toutes les dispositions antérieures à la présente loi relatives
aux brevets d'invention, d'importation et de perfectionnement.

ART. 53.

Les brevets d'invention, d'importation et de
perfectionnement actuellement en exercice, déli-

vrés conformément aux lois antérieures à la présente, ou prorogés par ordonnance royale, conserveront leur effet pendant tout le temps qui aura été assigné à leur durée.

Art. 54.

Les procédures commencées avant la promulgation de la présente loi seront mises à fin conformément aux lois antérieures.

Toute action, soit en contrefaçon, soit en nullité ou déchéance de brevet, non encore intentée, sera suivie conformément aux dispositions de la présente loi, alors même qu'il s'agirait de brevets délivrés antérieurement.

Le ministre du Commerce, de l'Industrie, des Postes et des Télégraphes,

Vu la loi du 5 juillet 1844 sur les brevets d'invention;

Vu la loi du 7 avril 1902, modifiant les articles 11, 24 et 32 de ladite loi;

Vu, notamment, l'article 6 et le paragraphe 4 de l'article 24 (nouveau) qui est ainsi conçu :

Un arrêté du ministre du Commerce et de l'Industrie déterminera : 1° les conditions de forme, dimensions et rédaction que devront présenter les descriptions et dessins, ainsi que les prix de vente des fascicules imprimés et les conditions de publication du catalogue; 2° les conditions à remplir par ceux qui, ayant déposé une demande de brevet en France et désirant déposer à l'étranger des demandes analogues avant la délivrance du brevet français, voudront obtenir une copie officielle des documents afférents à leur demande en France. Toute expédition de cette nature donnera lieu au payement d'une taxe de 25 francs; les frais de dessin, s'il y a lieu, seront à la charge de l'impétrant.

Vu les arrêtés ministériels des 3 septembre 1901, 31 mai et 31 décembre 1902;

Vu l'avis de la Commission technique de l'Office national de la propriété industrielle, en date du 11 juillet 1903.

Sur le rapport du directeur du Commerce et de l'Industrie.

ARRÊTE :

ARTICLE PREMIER

Les descriptions et les dessins annexés aux demandes de brevets d'invention et de certificats d'addition, conformément aux articles 5, 6 et 16 de la loi du 5 juillet 1844, seront fournis en double exemplaire, dont l'un constituera l'original, l'autre le duplicata.

ARTICLE 2.

1° Les descriptions seront rédigées correctement en langue française, aussi brièvement que possible, sans longueurs ni répétitions inutiles. Elles devront avoir le caractère d'une notice impersonnelle. Elles seront écrites à l'encre ou imprimées en caractères nets et lisibles sur un papier de format uniforme, de 33 centimètres de hauteur sur 21 centimètres de largeur, avec une marge de 4 centimètres. Elles ne seront écrites ou imprimées (original et duplicata), que sur le recto de la feuille.

Elles ne se référeront qu'aux figures du dessin sans jamais mentionner les planches.

2° Les descriptions ne devront pas dépasser cinq cents lignes de cinquante lettres chacune, sauf dans les cas exceptionnels où la nécessité d'un plus long développement serait reconnue par l'Office national de la propriété industrielle, sur l'avis de la Commission technique.

3° Afin d'en assurer l'authenticité, les divers feuillets de la description, solidement réunis par le côté gauche, seront numérotés dans le haut, en chiffres arabes, du premier au dernier inclusivement, et chacun d'eux sera paraphé dans le bas.

Le nombre de feuillets dont elle se compose sera mentionné et certifié à la fin de la description. Les renvois en marge devront être également paraphés. Leur nombre ainsi que celui des mots rayés comme nuls sera certifié à la fin de la description.

4º Aucun dessin ne devra figurer dans le texte ni en marge des descriptions.

5º L'en-tête de la description sera libellé conformément au tableau A annexé au présent arrêté.

6º Le titre de l'invention doit être très exactement reproduit sur la requête, le pouvoir s'il y en a un, la description et le récépissé de la recette.

Il sera une désignation sommaire et précise de l'objet de l'invention.

7º La description débutera, s'il y a lieu, par un préambule qui sera un exposé aussi clair et concis que possible de ce qui constitue l'invention.

Elle doit être suffisante pour l'exécution de l'invention et indiquer, d'une manière complète et loyale, les véritables moyens de l'inventeur.

8º Les lettres ou chiffres de référence devront, dans la description, se suivre dans leur ordre normal.

Les figures des dessins devront être indiquées dans leur ordre normal.

9º Sous le titre de *Résumé*, la description sera terminée par un résumé aussi concis que possible des points caractéristiques de l'invention. Ce résumé comportera l'énoncé succinct du principe fondamental de l'invention, et s'il y a lieu, des points secondaires qui le caractérisent.

Le résumé sera énonciatif et non descriptif.

10º Si au cours de la description, il est fait mention de brevets antérieurs, français ou étrangers, ils seront désignés par leur date de dépôt, par leur numéro et le pays d'origine. Si lesdits brevets ne sont pas encore délivrés, ils seront désignés par leur date de dépôt et par le titre de l'invention.

ARTICLE 3.

La description de l'invention devra être limitée à un seul objet principal avec les objets de détail qui le constituent et les applications qui auront été indiquées.

S'il est reconnu qu'une description n'est pas limitée à une seule invention, l'Office national de la propriété industrielle pourra, sur l'avis de la Commission technique, autoriser le demandeur à restreindre sa demande à un seul objet principal.

ARTICLE 4.

1° Les dessins seront exécutés selon les règles du dessin linéaire, sans grattage ni surcharge, sur des feuilles de papier ayant les dimensions suivantes : 33 centimètres de hauteur sur 21 centimètres ou 42 centimètres de largeur, avec une marge intérieure de 2 centimètres, de sorte que le dessin soit compris dans un cadre de 29 centimètres sur 17 centimètres, ou 29 centimètres sur 38 centimètres. Ce cadre devra être constitué par un trait unique de un demi-millimètre d'épaisseur environ.

2° Dans le cas où il serait impossible de représenter l'objet de l'invention par des figures pouvant tenir dans un cadre de 29 sur 38 centimètres, le demandeur aura la faculté de subdiviser une même figure en plusieurs parties dont chacune sera dessinée sur une feuille ayant les dimensions ci-dessus déterminées; la section des figures sera indiquée par des lignes de raccordement munies de lettres ou chiffres de référence. Lorsque le demandeur usera de cette faculté, il devra fournir (dans un cadre de dimensions réglementaires) une figure d'ensemble de l'objet de l'invention où seront tracées les lignes de raccordement des figures partielles.

3° Les figures seront numérotées, sans interruption, de la première à la dernière, à l'aide de chiffres arabes très correctement dessinés, précédés des lettres Fig.

4° Les planches seront numérotées en chiffres romains. Les chiffres seront placés en dehors du cadre. Exemple : Pl. I. S'il n'y a qu'une planche, on indiquera « Planche unique ».

5° On inscrira très lisiblement, en tête de chaque planche en dehors du cadre, savoir : à gauche. la mention Brevet n°...; au milieu, le nom de l'inventeur; à droite, le numéro d'ordre de chaque planche, et le nombre de planches en chiffres arabes. Exemple : Pl. IV. 5.

6° Le duplicata sera tracé à l'encre, en traits réguliers, pleins (continus ou pointillés) et parfaitement noirs, sur papier bristol ou autre papier complètement blanc, fort et lisse, permettant la reproduction par un procédé dérivé de la photographie. Aucunes teintes plates, ombres ou lavis, ne devront être apposées; les coupes seront indiquées par des hachures très régulières, suffisamment espacées et accentuées pour se prêter à la réduction visée par l'alinéa 10, ci-après.

Les surfaces convexes ou concaves pourront être ombrées au moyen de traits horizontaux ou verticaux parallèles plus ou moins espacés.

7° L'original pourra être exécuté sur toile ou sur papier et porter des teintes.

8° Les lettres de référence et le mot Fig. placé avant le numéro de chaque figure, devront être du type des caractères latins d'imprimerie. Les mêmes pièces seront désignées par les mêmes lettres ou chiffres dans toutes les figures.

Une même lettre ou un même chiffre ne pourra pas désigner des pièces différentes.

9° Les dessins annexés à une demande de brevet ou de certificat d'addition ne pourront comprendre plus de dix feuillets du grand ou du petit format, sauf dans les cas exceptionnels où l'utilité d'un plus grand nombre de planches serait reconnue par l'Office national sur l'avis de la Commission technique.

10° L'échelle employée sera suffisamment grande pour qu'il soit possible de reconnaître exactement l'objet de l'invention, et les dessins dans tous leurs détails, sur une reproduction réduite aux deux tiers de leur grandeur.

L'échelle ne sera pas mentionnée ni figurée sur les dessins.

11° Les dessins ne contiendront aucune légende ou indication, timbre, signature ou mention d'aucune sorte autre que le numéro des figures et les lettres ou chiffres de référence, dont la hauteur sera de 3 à 8 millimètres. On ne devra employer que des caractères latins. Les lettres ou chiffres de référence qui devront être de dimensions uniformes et très correctement dessinés, pourront être pourvus d'un exposant dans des cas exceptionnels. Ils seront rejetés en dehors des figures et des lignes, auxquelles on les raccordera par des attaches. Les lignes de coupe et de raccordement seront indiquées par des lettres ou chiffres semblables.

A A. B B. a a. b b. 1 1. 2 2.

Les caractères grecs pourront être employés pour désigner des angles.

12° Les diverses figures, séparées les unes des autres par un espace de 1 centimètre environ, devront être disposées de façon que le dessin puisse toujours être lu dans le sens de la hauteur de 33 centimètres, ainsi que les lettres, chiffres et indications des figures.

Lorsqu'une figure se composera de plusieurs parties détachées, elles devront être réunies par une accolade.

13° Les légendes reconnues nécessaires par les demandeurs pour l'intelligence de leurs dessins, seront placées dans le corps de la description. A titre d'exception, il est néanmoins permis de faire figurer certaines mentions sur les dessins, quand elles sont indispensables pour en faciliter la compréhension (telles que eau, gaz, vapeur, ouvert, fermé, ligne de terre, etc.), mais aucune indication ne devra être écrite en langue étrangère.

14° Les dessins seront remis, lors du dépôt, à plat, entre deux feuilles de carton fort, de manière à être exempts de plis ou de cassures.

Article 5.

L'original et le duplicata de la description et des dessins seront signés par le demandeur ou son mandataire. En ce qui concerne les dessins, la signature sera placée au dos des planches. Il en sera de même des désignations « original » et « duplicata ». Le nom du demandeur et de son mandataire, s'il y a lieu, devra y être mentionné d'une façon très lisible après la signature. Le duplicata sera, en outre, sous la responsabilité du signataire, certifié conforme à l'original.

La description et les dessins ne porteront aucune date. Le mandataire fera précéder sa signature de l'indication « par procuration de M..... » ou de « par procuration de la Société..... ».

Article 6.

1° La demande de brevet d'invention ou de certificat d'addition devra être datée et indiquer, outre leurs noms et prénoms, la nationalité des demandeurs et le pays dans lequel ils résident au moment du dépôt, si ce pays est différent de celui de la nationalité.

Le demandeur devra indiquer son adresse exacte. s'il a constitué un mandataire, il fera élection de domicile chez son mandataire; toutefois, l'adresse exacte du demandeur sera indiquée dans la demande.

2° Elle devra indiquer la date du premier dépôt fait à l'étranger et le pays dans lequel il a eu lieu, lorsque le demandeur voudra être au bénéfice de ce dépôt.

3° Le bordereau des pièces annexées à la demande devra mentionner le nombre des pages de la description et le nombre des planches de dessin déposées.

4° La demande et le bordereau seront établis sur une feuille de papier de 33 centimètres sur 21 centimètres, conformément au tableau B annexé au présent arrêté.

5° La description, les dessins annexés, la demande et le bordereau des pièces seront déposés dans une enveloppe fermée; une copie du bordereau sera reproduite sur l'enveloppe.

ARTICLE 7.

Quand le demandeur voudra que la délivrance de son brevet d'invention ou de son certificat d'addition n'ait lieu qu'un an après le jour du dépôt de sa demande, conformément au paragraphe 7 de l'article 11 de la loi du 5 juillet 1844. modifiée par la loi du 7 avril 1902, cette réquisition devra être formulée d'une façon expresse et formelle et à l'encre rouge dans la demande; elle devra, en outre, être reproduite sur la face et au dos de l'enveloppe et signée par le demandeur ou son mandataire.

Article 8.

Avant la délivrance, toute demande de brevet ou de certificat d'addition pourra être retirée par son auteur, s'il le réclame par écrit. Les pièces déposées lui seront restituées. S'il présente cette requête dans un délai de deux mois à partir du dépôt, la taxe versée lui sera remboursée. Ce délai expiré, la taxe restera acquise au Trésor.

Toutefois, celui qui, en vertu des dispositions de l'article 10 ci-après, aura réclamé une copie officielle des pièces déposées à l'appui de sa demande, ne pourra plus retirer celle-ci.

Article 9.

1º Lorsque la demande d'un brevet aura été reconnue régulière, ce brevet sera délivré par un arrêté du ministre du Commerce et de l'Industrie, constatant la régularité de ladite demande. Dès que l'arrêté aura été rendu, il en sera donné avis au demandeur ou à son mandataire, par l'Office national de la propriété industrielle, qui transmettra en même temps les pièces à l'Imprimerie nationale, pour qu'elles soient imprimées, conformément à l'article 24 de la loi du 5 juillet 1844, modifiée par la loi du 7 avril 1902. Cet avis contiendra l'indication de la date de l'arrêté, du numéro donné au brevet, et du titre de l'invention. Il sera procédé de même pour les certificats d'addition.

2º Lorsque la description et les dessins du brevet ou certificat d'addition seront imprimés, une ampliation de l'arrêté ministériel précité, à laquelle sera annexé un exemplaire imprimé de la description et des dessins déposés, sera expédiée au demandeur; à partir du jour de cette expédition, la description et les dessins imprimés pourront être consultés sans frais à l'Office national de la propriété industrielle et dans les préfectures.

3° Le titulaire du brevet aura un délai de trois mois, à dater de la remise de cette ampliation, pour signaler à l'Office national de la propriété industrielle les erreurs ou inexactitudes qui auraient pu se produire dans l'impression de sa description ou de ses dessins; passé ce délai, aucune réclamation ne sera admise.

ARTICLE 10.

Si, avant l'impression de son brevet ou certificat d'addition, le demandeur désire obtenir une copie officielle de la description déposée par lui, il devra en faire la demande et produire en même temps un récépissé constatant le versement dans une Recette des finances d'une taxe de 25 francs s'il s'agit d'un brevet d'invention, et de 20 francs s'il s'agit d'un certificat d'addition.

Les frais de dessin, s'il y a lieu, seront à la charge de l'impétrant.

ARTICLE 11.

Le prix maximum de vente de chaque fascicule imprimé des descriptions et des dessins des brevets d'invention ou certificats d'addition est fixé à 1 franc.

ARTICLE 12.

1° Les descriptions et les dessins qui ne seraient point exécutés dans les conditions prescrites par le présent arrêté seront renvoyés au demandeur avec invitation d'avoir à fournir de nouvelles pièces régulières dans le délai d'un mois.

2° Il ne pourra être apporté aux descriptions et dessins, sous peine de rejet, aucune modification qui serait de nature à augmenter l'étendue et la portée des inventions.

3º Un exemplaire, conservé par l'Office national de la propriété industrielle, servira à véri-
fier la concordance entre les documents succes-
sivement produits.

4º Dans le cas où le déposant ne répondrait pas
audit avis dans le délai imparti, la demande de
brevet d'invention ou de certificat d'addition sera
rejetée conformément à l'article 12 de la loi du
5 juillet 1844.

5º En cas de nécessité justifiée le délai accordé
au déposant pourra être augmenté sur sa demande.

ARTICLE 13.

Aucune demande de brevet d'invention ou de
certificat d'addition ne pourra être rejetée comme
irrégulière pour infraction aux prescriptions du
présent arrêté, notamment au point de vue de
la rédaction de la description et de l'établissement
des dessins, qu'après un avis conforme de la Commission technique de l'Office national de la propriété industrielle, le demandeur ou son mandataire préalablement entendu en ses explications
ou dûment appelé devant ladite Commission.

ARTICLE 14.

Les présentes dispositions seront applicables
aux demandes de brevets d'invention et de certificats d'addition, dont le dépôt sera effectué un
mois après la date du présent arrêté.

ARTICLE 15.

L'arrêté ministériel du 31 décembre 1902 est
abrogé, sauf l'article 16.

ARTICLE 16.

Le directeur de l'Office national de la propriété
industrielle est chargé d'assurer l'exécution du
présent arrêté.

Fait à Paris, le 11 août 1903.

GEORGES TROUILLOT.

Tableau A.

—

Mémoire descriptif déposé à l'appui d'une demande

de

BREVET D'INVENTION

formée par

....

(Ici le nom ou les noms du ou des demandeurs).

pour

(Ici le titre de l'invention).

———————

S'il s'agit d'un certificat d'addition, l'en-tête de la description sera libellé comme suit :

Mémoire descriptif déposé à l'appui d'une demande

d'un 1er (2e, 3e)

CERTIFICAT D'ADDITION

Au brevet d'invention du ....
(Date de dépôt)

Formée par

....

(Ici le nom ou les noms du ou des demandeurs).

pour

....

(Ici le titre du brevet).

Tableau B.

DEMANDE D'UN ....

BREVET D'INVENTION ....

à Monsieur le Ministre du Commerce et de l'Industrie

Monsieur le Ministre,

Inventeur
{
Nom ....
Prénoms ....
Adresse ....
Nationalité ....
}

.... *l'honneur de vous adresser la demande*

d'un ....

Brevet d'invention de quinze années.

Titre
{
pour.....................................

....

....
}

A cette demande sont annexés, suivant le bordereau ci-dessous détaillé.

> 1°- *Un mémoire descriptif en double expédition ;*

> 2°- .... *dessin en double expédition*

Convention Internationale
{
....

(Indiquer la date du premier dépot et le pays dans lequel il a eu lieu)

....
}

Ajournement de la délivrance à un an
{
....

....
}

BORDEREAU des pièces déposées

Conformément à l'article 5 de la loi du 5 juillet 1844

1° Mémoire descriptif : Original (...............pages)............ 1
2° — — Duplicata(» pages)............ 1
3° Dessin : Original (...............planche)................
4° — Duplicata(» planche)................
5° Demande adressée à Monsieur le Ministre du Commerce
et de l'Industrie................................... 1

TOTAL.............

Veuillez agréer, Monsieur le Ministre, l'assurance de mon profond respect.

(Date) ....

(Signature) ....

A Monsieur le Ministre
du Commerce, de l'industrie, des Postes et des Télégraphes
Office National de la Propriété industrielle
Au Conservatoire National des Arts et Métiers
292, Rue Saint-Martin
Paris (3°)

N.B. — Si la demande est présentée par un mandataire, il
écrira avant le nom du demandeur : *«Au nom et comme
mandataire de »*. Le mandataire devra indiquer son adresse.

TABLE DES MATIÈRES

Imp. Ch. COUSIN, 65, Avenue de la République — Paris

J. BONNICART et Cie

INGÉNIEURS-CONSEILS

71 - Rue Servan - 71 — PARIS